Inhalt

Unbekannte Helden - familiengeführte Unternehmen stellen Publikumsgesellschaften in den Schatten

Kernthesen

Beitrag

Fallbeispiele

Weiterführende Literatur

Impressum

Unbekannte Helden - familiengeführte Unternehmen stellen Publikumsgesellschaften in den Schatten

R.Reuter

Kernthesen

- Familienunternehmen gelten als verstaubt, bilden in Wahrheit jedoch das Rückgrat der Wirtschaft.
- Sowohl bei den Gewinnen wie an den Aktienmärkten lassen sie Publikumsgesellschaften - also Unternehmen mit weit verstreuten Aktien und angestellten Vorständen - hinter sich.

- Das Erfolgsgeheimnis dieser Unternehmen ist vielschichtig: Die Firmeninhaber denken in Generationen und orientieren sich nicht an kurzfristigen Renditen; sie fühlen sich für Firma und Mitarbeiter verantwortlich; zudem sind Familienunternehmen immer bestens vernetzt.

Beitrag

Verstaubtes Image

In der globalisierten Wirtschaft gelten Familienunternehmen oft als verstaubt. Ihnen haftet der Ruf an, mehr auf Tradition als auf den Fortschritt zu achten. Inhabergeführten Unternehmen wird zudem häufig zugeschrieben, zugleich despotisch und unprofessionell gemanagt zu werden. Publikumsgesellschaften gelten vielen demgegenüber als strahlende Gewinnmaschinen, mit denen die Familienunternehmen nicht mithalten können. Dieses Bild ist jedoch schief: Über 90 Prozent der deutschen Unternehmen sind in Familienhand, mehr als ein Drittel der deutschen Großunternehmen wird von Familien geführt. Viele dieser Unternehmen sind Weltmarktführer. (1)

Familienunternehmen geraten in den Fokus der Wissenschaft

Dass Familienunternehmen alles andere als ein Auslaufmodell sind, zeigt ihre weltweite Präsenz. Auch die Märkte in Asien, Lateinamerika und der arabischen Welt sind von Familienunternehmen dominiert. In den USA sind sie ebenfalls stark vertreten. Immer mehr Wissenschaftler sehen das Phänomen "Familie" daher als eine von der Organisationsforschung sträflich vernachlässigte Form der Unternehmensführung an. Professor Harold James von der Princeton University (New Jersey) sagt, dass asiatische Volkswirtschaften, die nach erfolgreichen Vorbildern suchten, in erster Linie den dynamischen Familienbetrieb europäischer Prägung betrachteten.

Von Familien geführte Unternehmen geben sich viel Mühe damit, passende Mitarbeiter zu finden und ihnen die Firmenwerte zu vermitteln. Die Unternehmenskultur von Familienbetrieben gilt darum als besonders stabil, zudem sorgt die Wertegemeinschaft für hohe Motivation. Der Familienbetrieb ist nach Ansicht von Professor Harold James darum das Modell der Zukunft. (1), (4), (5)

Nicht nur regional tätig

In der Wahrnehmung der Öffentlichkeit sind Familienunternehmen kleine oder mittelständische Betriebe, die bestenfalls regional in Erscheinung treten. Auch dieses Bild erweist sich als falsch. Gerade mittelständische Firmen sind oft sogenannten Hidden Champions, die trotz einer niedrigen Zahl von Mitarbeitern weltweit agieren. Zudem sind Familienbetriebe oft alles andere als klein. So ist beispielsweise auch die Metro Group ein familiengeführtes Unternehmen - und zugleich das weltweit drittgrößte Handelsunternehmen. 57 Prozent der Arbeitsplätze in Deutschland werden von Familienunternehmen gestellt. Diese erwirtschaften 42 Prozent aller Firmenumsätze. (2), (3), (4)

Besonders krisenfest

Laut einer Studie der Stiftung Familienunternehmen erweisen sich Familienunternehmen in schwierigen Zeiten als besonders resistent. Selbst in der Rezession schaffen sie es, mit der Belegschaft an einem Strang zu ziehen und dadurch die Krise gut zu bewältigen. Anders als Publikumsgesellschaften denken Familienunternehmen nicht in Quartalen, sondern in Generationen. Kurzfristige Erfolge, wie sie der Kapitalmarkt verlangt, sind ihnen oft nicht wichtig.

Stattdessen verfolgen sie ihre Ziele langfristig und kontinuierlich. Umsatzeinbußen, wie sie infolge der Finanzkrise fast überall zu beklagen waren, setzen Familienunternehmen daher nicht so unter Druck wie die Publikumsgesellschaften, die ihren Investoren auch in schwierigen Zeiten Rechenschaft ablegen müssen. (4), (5)

Renditestärker als Aktiengesellschaften

Auch eine Studie des Instituts für Mittelstandsforschung Mannheim und des Zentrums für Europäische Wirtschaftsforschung (ZEW) stellt den inhabergeführten Unternehmen beste Zeugnisse aus. So hätten die Top 500 der deutschen Familienunternehmen profitabler gearbeitet als die Dax-Konzerne. Zwischen 2003 und 2008 verzeichneten sie ein Umsatzwachstum von 44 Prozent, obwohl sich die Finanzkrise bereits abzeichnete. 2008 erzielten sie einen Gesamtumsatz von mehr als 910,9 Milliarden Euro und ließen damit die DAX-Unternehmen weit hinter sich. (4), (5)

Gut mit Eigenkapital ausgestattet

Zudem stehen die Familienunternehmen auf einem

festen Fundament. Die Bilanzanalyse der Deutschen Bank ergab, dass die Top 500 der Familienunternehmen über eine Eigenkapitalquote von durchschnittlich 30,8 Prozent verfügen, während es bei Publikumsgesellschaften nur 28,3 Prozent sind. Auffällig ist überdies, dass die inhabergeführten Firmen ihr Eigenkapital auch während der weltweiten Finanzkrise stärken konnten. (4)

Jobmaschinen mit spezifischen Stärken

Die Zahl der Beschäftigten in Familienunternehmen ist zwischen 2003 und 2008 weltweit um fast 23 Prozent angestiegen. In Deutschland schufen die Familienunternehmen rund 500 000 neue Arbeitsplätze, während die DAX-Unternehmen nur 68 000 Mitarbeiter neu einstellten. Experten schreiben auch die Erfolge bei der Vergrößerung ihrer Belegschaften insbesondere der Unternehmenskultur in den Familienunternehmen zu. Hier stünden Menschen hinter dem Betrieb, die sich persönlich kümmerten und die darüber hinaus über stille Reserven verfügten. Paradox ist allerdings auch für Volkswirte, dass Familienbetriebe oft nicht in erster Linie renditeorientiert arbeiten wollen, dennoch aber sehr hohe Gewinne erzielen. (4)

Vier Erfolgsfaktoren

Eine wissenschaftliche Arbeit hat sich mit den Erfolgsfaktoren der Unternehmen befasst und sie in die "vier C" unterteilt. Das erste C steht dabei für "Continuity" - womit der Generationen umfassende Zeithorizont der Familienunternehmen genannt ist.

Das zweite "C" (Community) erklärt der streitbare Trigema-Eigner Wolfgang Grupp so: "Ich lebe hier, ich muss mit gutem Gewissen auf die Straße gehen können." Familienunternehmer müssen Verantwortung für die Region übernehmen, da ihnen ihre finanziellen Privilegien sonst negativ ausgelegt würden. Von den Publikumsgesellschaften und ihrer häufig gesichtslosen Eigentümerstruktur unterscheiden sich die Familienunternehmen durch ihre gesellschaftliche Verankerung damit sehr deutlich.

Das dritte "C" (Connection) beschreibt eine Stärke, für die Familienunternehmen schon sehr lange bekannt sind. Wie einst die Fugger und die Medici gelten sie auch heute als bestens vernetzt. In dieser Disziplin werden die europäischen Netzwerker aus der Emilia-Romagna oder aus Baden-Württemberg in letzter Zeit allerdings häufig von asiatischen Familienbetrieben eingeholt. Die Netzwerke angestellter Manager bleiben demgegenüber immer elitär, ohne Verflechtungen mit dem operativen Geschäft, wie es bei Familiennetzen der Fall ist.

Der vierte Punkt heißt "Command" und berührt bei manchem Familienunternehmen einen wunden Punkt. Gemeint ist die Besetzung der Führungsriege, die hier nicht immer nach Eignung, sondern bloß nach Familienzugehörigkeit vorgenommen wird. Vetternwirtschaft hat Familienunternehmen schon in den Ruin getrieben. Andererseits geben sich vorbildliche Familienbetriebe viel Mühe damit, den Nachwuchs frühzeitig auf die späteren Aufgaben vorzubereiten. Gezeigt hat sich überdies, das es erfolgreiche Dynastien verstehen, den Einfluss der Familie so prägend wie möglich zu gestalten - auch dann, wenn immer mehr Familienmitglieder in zunehmender Distanz zum Unternehmen stehen. (1)

Trends

Familienunternehmen auf Einkaufstour

Da die Familienunternehmen sehr gut durch die Finanzkrise gekommen sind, hatten die Firmen bereits zum Ende des vergangenen Jahres einige liquide Mittel zur Verfügung. Seitdem versuchen die

Unternehmen, strategische Zukäufe zu tätigen, um für die Zeit nach der Krise gewappnet zu sein. Dieser Trend zur Schnäppchenjagd hält immer noch an. Die Familienclans suchen nach Langfristinvestments und Mehrheitsbeteiligungen in Wachstumsmärkten. Auch Zukäufe von Unternehmen aus artverwandten oder der eigenen Branche gelten als attraktiv. Experten gehen davon aus, dass die Familienunternehmen einen neuen Boom im M&A-Markt (Fusionen und Übernahmen) auslösen werden. [(7)](#)

Fallbeispiele

Bei Wirtschaftsjournalisten unbekannt

Eine Umfrage des Wirtschaftsforschungsinstituts Dr. Doeblin unter 276 Wirtschaftsjournalisten hat gezeigt, wie wenig Familienunternehmen von der Fachpresse wahrgenommen werden. Gerade einmal elf Prozent der Befragten kannten den Index Gex (German Entrepreneurial Index) der Deutschen Börse. Der Gex bildet die Aktien eigentümergeführter Unternehmen ab. [(6)](#)

Neue Indizes für Familienunternehmen

Seit Anfang dieses Jahres veröffentlicht die Deutsche Börse zwei neue Marktbarometer für Familienunternehmen. Der DAXplus Family umfasst Familienunternehmen allgemein, während der DAXplus Family 30 mit den 30 liquidesten Familienunternehmen bespickt ist. Voraussetzung für die Aufnahme ist hier, dass die Gründerfamilie über einen Aktienanteil von mindestens 25 Prozent verfügt. (3)

Weiterführende Literatur

(1) Von den Kindern geliehen
aus Frankfurter Allgemeine Zeitung, 12.07.2010, Nr. 158, S. 12

(2) Unternehmertum verinnerlicht
aus Börsen-Zeitung, 01.09.2010, Nummer 167, Seite 23

(3) Familienbetriebe haben an der Börse die Nase vorn
Inhabergeführte Firmen reagieren oft schneller als Publikumsgesellschaften - Ohne Risiko sind sie jedoch auch nicht
aus DIE WELT, 12.06.2010, Nr. 134, S. 17

(4) Die heimlichen Stars Sie stellen den Großteil der

Arbeitsplätze, tragen entscheidend zum Bruttosozialprodukt bei und sind weltweit aktiv. Trotzdem werden Familienunternehmen chronisch unterschätzt
aus Financial Times Deutschland vom 21.09.2010, Seite 6SA06

(5) Feste Größen in stürmischen Zeiten Ein Modell mit Zukunft: Starke Familienunternehmen Wachstum trotz rezessiver Phasen - Vorbilder für aufstrebende Volkswirtschaften
aus DIE WELT, 09.06.2010, Nr. 131, S. WR3

(6) Gex und Dax Plus sind kaum bekannt
aus Börsen-Zeitung, 02.09.2010, Nummer 168, Seite 18

(7) Clans gehen auf Einkaufstour // Familienunternehmen haben gut gefüllte Kassen und wollen in der Krise durch Zukäufe wachsen
aus Der Tagesspiegel Nr. 20374 VOM 07.09.2009 SEITE 017

Impressum

Unbekannte Helden - familiengeführte Unternehmen stellen Publikumsgesellschaften in den Schatten

Bibliografische Information der deutschen Nationalbibliothek

Die Deutsche Nationalbibliothek verzeichnet diese Publikation in der deutschen Nationalbibliografie; detaillierte bibliografische Daten sind im Internet über http://dnb.d-nb.de abrufbar.

ISBN: 978-3-7379-0238-0

© 2015 GBI-Genios Deutsche Wirtschaftsdatenbank GmbH, Freischützstraße 96, 81927 München, www.genios.de

Alle Rechte vorbehalten. Dieses Werk ist einschließlich aller seiner Teile – z.B. Texte, Tabellen und Grafiken - urheberrechtlich geschützt. Jede Verwertung außerhalb der Grenzen des Urheberrechtsgesetzes bedarf der vorherigen Zustimmung des Verlags. Dies gilt insbesondere auch für auszugsweise Nachdrucke, fotomechanische Vervielfältigungen (Fotokopie/Mikroskopie), Übersetzungen, Auswertungen durch Datenbanken oder ähnliche Einrichtungen und die Einspeicherung und Verarbeitung in elektronischen Systemen.